U0716923

刘亚谏讲铜镜

刘亚谏 ◎ 著

中国财富出版社

图书在版编目（CIP）数据

刘亚谏讲铜镜／刘亚谏著 . —北京：中国财富出版社，2015.7
（中国财富收藏鉴识讲堂）
ISBN 978-7-5047-5775-3

Ⅰ.①刘…　Ⅱ.①刘…　Ⅲ.①古镜—铜器（考古）—鉴赏—中国
Ⅳ.① K875.24

中国版本图书馆 CIP 数据核字（2015）第 142079 号

策划编辑 张　静		**责任印制** 方朋远	
责任编辑 张　静		**责任校对** 杨小静	

出版发行	中国财富出版社	
社　址	北京市丰台区南四环西路 188 号 5 区 20 楼	**邮政编码**　100070
电　话	010-52227568（发行部）	010-52227588 转 307（总编室）
	010-68589540（读者服务部）	010-52227588 转 305（质检部）
网　址	http://www.cfpress.com.cn	
经　销	新华书店	
印　刷	北京京都六环印刷厂	
书　号	ISBN 978-7-5047-5775-3/K·0184	
开　本	787mm×1092mm　1/24	**版　次** 2015 年 7 月第 1 版
印　张	6	**印　次** 2015 年 7 月第 1 次印刷
字　数	81 千字	**定　价** 48.00 元

·前　言·

　　中华民族是世界上最热爱收藏的民族。我国历史上有过多次收藏热，概括起来大约有五次：第一次是北宋时期，第二次是晚明时期，第三次是康乾盛世，第四次是晚清民国时期，第五次则是当今盛世。收藏对于我们来说，已不仅仅是捡便宜的快乐、拥有财富的快乐，还能带给我们艺术的享受和精神的追求。收藏，俨然已经成为人们的一种生活方式。

　　收藏是一种乐趣，收藏更是一门学问。收藏需要量力而行，收藏需要戒除贪婪，收藏不能轻信故事。然而，收藏最重要的依然是知识储备。鉴于此，姚泽民工作室联合中国财富出版社编辑出版了这套《中国财富收藏鉴识讲堂》丛书。当前收藏鉴赏丛书层出不穷，可谓鱼龙混杂。因此，这套丛书在强调"实用性"和"可操作性"的基础上，更加强调"权威性"，目的就是想帮广大收藏爱好者擦亮慧眼，为其提供最直接、最实在的帮助。这套丛书的作者，均是目前活跃在收藏鉴定界的权威专家，均是央视《鉴宝》《一槌定音》等电视栏目鉴宝专家。他们不仅是收藏家、鉴赏家，更是研究员和学者教授，其著述通俗易懂而又逻辑缜密。不管你是初涉收藏爱好者，还是资深收藏家，都能从这套丛书中汲取知识营养，从而使自己真正享受到收藏的乐趣。

　　《刘亚谏讲铜镜》作者刘亚谏先生，是集收藏鉴定、诗书画创作、艺术评论于一身的学者型书画家。现为中华民间藏品鉴定委员会副会长兼秘书长，文化部艺术品鉴定评估工作委员会专家委员等。该书是他长期致力于铜镜收藏研究的一个总结，对于铜镜收藏爱好者和铜镜研究者均有极大的帮助。

姚泽民工作室

2015 年 4 月

目 录 Contents

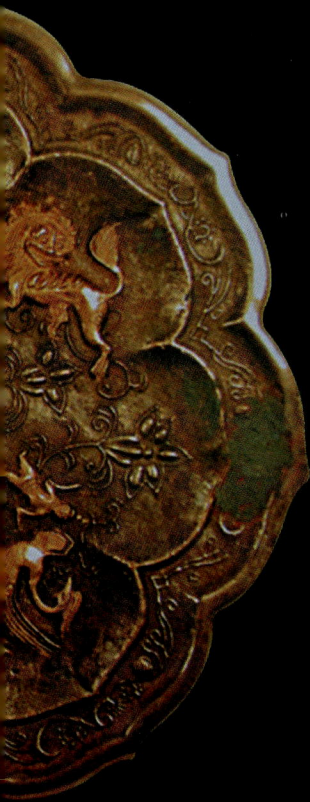

~第一章~

铜镜概述

—— 刘亚谏讲铜镜 ——

·铜镜概述·

一、铜镜的由来

据考古发现，世界上西亚和埃及、希腊、罗马等地早在四千多年前，就已经发明和使用铜镜了。世界最早的铜镜，是在伊拉克发现的公元前2900—公元前2700年的铜镜；伊朗、巴基斯坦发现有公元前2000年前的铜镜。埃及发现公元前2000年的石棺浮雕纹饰中，有持镜妆饰的妇人像。

中国出土的铜镜，最早为齐家文化的一面七角星几何纹镜和一面素镜，距今有近四千年的历史。齐家文化出土铜镜为圆形，镜背有钮。

中国早期铜镜与西亚等地区铜镜的主要区别是没有柄，但镜背铸有钮（钮是中国铜镜的最重要特点）。这说明我国的早期铜镜不是从外引进，而是本土发明的。到目前为止，国家博物馆共收藏商代以前的早期铜镜12面，其中

齐家文化三角纹镜

直径 14.6 厘米，弓形钮，无钮座。

钮外饰凸弦纹 3 圈：内圈平素无纹饰；中圈排列 13 组三角纹，角与角间饰平行斜线；外圈排列 16 组三角纹，三角纹大小不等，不甚规则。此镜纹饰古朴，是我国目前发现的较早铜镜之一。

唐代金银平脱鸾鸟瑞兽镜

直径 34.8 厘米，圆钮，六角钮座。

三鸾三兽相间环绕于缠枝宝相花间。鸾鸟曲颈振翅，脚踏盛开的莲蓬上，尾羽高高翘起。瑞兽两耳竖立，长尾上翘，奋蹄疾驰。宝相花蔓枝缠绕，舒展俏丽，繁而不乱，与鸾凤和瑞兽构成一幅完美的图案。此镜纹饰均采用金银平脱制法。

几何纹镜 8 面（商殷墟妇好墓出土 4 面）。商以前铜镜的形状均为圆形，镜背带钮。

二、铜镜的功能

作为精美的工艺品，铜镜刻画精巧、文字瑰奇、辞句温雅，为文人雅士所喜好。铜镜具有丰富和复杂的功能，从史料、镜铭、宗教、民俗等考证，包含装（佩）饰、照容、辟邪、赏赐、信物、聘礼、陪嫁、礼品、纪念品、陪葬、印鉴等功能。

1. 装佩饰

早期古人以镜为饰，《左传》中提到的"鉴鉴"，西晋杜预注释为"鉴带而以镜为饰也"。我国最早的齐家文化铜镜就是一件装饰品。后来很多铜镜是可佩挂的。如曾甘霖著《铜镜史典》中有几面钟行镜可以佩挂。精美的铜镜可佩戴、悬挂、架设在案，为装饰品，也是奢侈品。铜镜的装饰功能可能早于照容；即使是照容的铜镜，依旧具有"装饰"的功能。

2. 照容

这是铜镜的最基本功能。铜镜的铭文提道："可正其衣冠，尊其瞻视"，

"照日菱花出，临池满月生。君看衣帽整，妾映点妆成"。

3. 辟邪

古人认为铜镜具驱邪、降魔、除凶的功能。唐《古镜记》讲述，王度得一宝镜，能克制精魅鬼怪。道家用的八卦镜，寺院顶部的法镜，农家门、窗上挂的铜镜，就是为祛邪佑福的。现在，有人将这种意识转移到玻璃镜上，悬玻璃镜于门窗挡煞辟邪，这是几千年传统文化在人们心中的沉淀。汉镜铭有"左龙右虎辟不羊（祥）"，唐八卦镜铭"百灵无以逃其状，万物不能遁其形"，宋代八卦星云镜和钟馗捉鬼镜等，都说明了铜镜的辟邪功能。

4. 赏赐

春秋时期，铜镜已经被周王用来赏赐了。《左传》记载："王以后之鞶鉴予之。"唐代帝王常赐镜给群臣，以示皇恩浩荡。同时可能也暗示皇上心如明镜，什么都很清楚；也希望臣子们"明镜高悬"，为政清廉。唐玄宗就有《千秋节赐群臣镜》诗："铸得千秋镜，光生百炼金。分将赐群臣，遇象见清心……"

唐代葵花云龙纹镜

直径 25.5 厘米，圆钮。

龙矫健飞腾，昂首卷尾，四足蹬开，张嘴吐舌，双角伸举，龙须飘扬，四周配以流动的祥云，足见气势飞扬。

5. 信物

铜镜古时多作为爱情的信物和联系人们情感、相思的纽带。汉镜铭"长相思，毋相忘"，"心思美人，毋忘大王"，"清冶铜华以为镜，昭察衣服观容貌，丝组杂遝以为信，清光乎宜佳人"。唐镜铭更是词句秀美，贴近生活，富有时代特性，如"当眉写翠，对脸传红，依窗绣晃，俱含影中"，"既知愁里日，不宽别时要（腰）。惟有相思苦，不共体俱消"，"可怜无尽，娇羞自看"。后两句把少妇独处深闺、思念爱人的幽怨心情，表现得淋漓尽致。古代还曾流行一种风俗，人们分别时，因社会动荡担心失散，会打破一枚铜镜，各执一半，作为他日相见的凭证。《太平御览》记载："昔有夫妻将别，破镜各执半以为信。"唐代《本事诗·情感第一》中"破镜重圆"的千古佳话，就是以铜镜作为信物。有诗为证"镜与人俱去，镜归人不归；无复嫦娥影，空留明月辉"。破镜分藏的习俗，为考古发掘所证明。王莽后期的洛阳烧沟38号墓，为同穴异室墓，可能是夫妻合葬，在异室的两个棺内各放半个铜镜，这两个残镜恰好能合为一个整镜。破镜分藏，不知包含了多少悲欢离合的故事！

隋代仙山四神十二生肖镜

直径 21.6 厘米，园形，园钮。

钮座外双线方格，方格四角与 V 形纹对角，V 形纹内各有一兽面纹。方格上下左右分为四区，分别配置青龙、白虎、朱雀和玄武，此四神均为曲颈回首，身躯蜷伏，尾部及四肢伸张，神情生动，活灵活现。中区铭文为："仙山并照，智水齐名，花朝艳采，月夜流明，龙盘五瑞，鸾舞双情，传闻仁寿，始验销兵。"外区十二生肖环绕奔驰，其间点缀各种形状的花纹，边缘为几何形流云纹。

6. 聘礼

铜镜和镜台作为聘礼，历代都有。元朝戏剧家关汉卿著《温太真玉镜台》一剧中，对镜台做聘礼有生动的描述。

7. 陪嫁

女子梳妆用的镜匣叫奁，铜镜是姑娘出嫁时必备的陪嫁品，所以嫁妆又称妆奁。唐代还有铜镜陪嫁的习俗（邵明著《古代铜镜》），以精美的龙凤镜为最好，所以龙凤镜流行时间较长。王建《老妇叹镜》留下了精美诗句："嫁时明镜今犹在，黄金缕画双凤背。"

8. 礼品和纪念品

铜镜可作为外交礼品和纪念品相互赠送，或作为生日礼物等。《魏志·倭人传》记载：景初二年六月赠送"亲魏倭王"物品中包含铜镜百枚。另有镜铭："月样团圆冰样清，好将香阁伴闲身。青鸾不用羞孤影，开闸当如见故人。"这里的故人就不一定是情人或者爱人了，也可能就像我和你。

9. 陪葬

考古发现墓葬中的铜镜陪葬已是不争的事实。除了是给逝者"实用"外，还有为逝者驱除黑暗、镇服妖孽、保证逝者安静休息的功能。汉镜铭文"见日之光，天下大明"就是这个意思。宋辽金时期的墓葬习惯中，铜镜悬在墓顶中央，有的还在四周悬挂。南宋周密在《癸辛杂识》中记："世大敛后，用镜悬棺，盖以照尸取光明破黑暗之意。"这是想让逝者在墓穴中通过铜镜，产生一种和光天化日之下一样的良好愿望。所以，铜镜既可为活人驱邪，又能为死者驱鬼，这种习俗经久不衰。

10. 印鉴

印章底样即印模称之为"印鉴"，也就是用作印于文件上表示鉴定或签署的文具。印和鉴在字面上看是印章或印信及鉴别、鉴定。鉴在古代又叫镜，见鉴谓之镜——《广雅》。那么印鉴是否不仅仅具备上述功能，而同时又含有照容或作为镜（鉴）的功能呢？也许古人为了使用方便，把两样东西合二为一了呢。

除以上功能之外，铜镜还被赋予各种各样美好寓意并通过铭文抒发情怀，包括祝福、思念、信仰、寄托、祖训、自夸等。另外还具备医疗（阳燧灸）、占卜等功能。

三、铜镜各部位的名称

镜形：又称形式、形制，即镜子的外观形态，如圆形、方形、花式形、有柄形等。

镜面：镜子正面，用来梳妆整容，有平面、凸面、凹面的差别。

镜背：镜子反面，有的光素无纹，一般称为素镜或素面镜，大多铸有纹饰或铭文；有的还进行特种工艺，如贴金银、镶螺钿，被称为特种工艺镜。

钮：一般在镜背中央，有孔可以系带。不同时期的镜钮，显示了不同特征，其异同是鉴定铜镜的一个重要方面，如弦纹钮、圆钮、兽钮等。

钮座：钮的周围部分，以紧连钮的装饰为准。如圆钮座、方钮座、连珠钮座、花瓣钮座。

内区、外区等区域划分：有的铜镜在钮外设有不同形式的装饰，将镜背划分为若干区域。一般分为内外区，少数铜镜有三区及以上的。大致划分是钮或钮座外的部分称为内区，依次由内向外分为中区、外区。

圈带：用来划分镜背区的圆形装饰带。

镜缘：又称边缘，由于学者之间的看法不同，有的仅指镜外缘，有的则将范围扩得较大。

纹饰：铜镜上的主要纹饰、主题纹饰称为主纹。如果铜镜分区划，多以内区纹饰为主纹。作为主纹衬底的花纹称为地纹，边缘上的纹饰称为边缘纹。

铭文：铸于镜背的文字，学者们习惯用铭文开头的几个字来概括此组铭文，以两个字为多。如"见日之光，天下大明"，则概括为"日光"铭，又如"尚方作镜真大巧"称为"尚方"铭。有铭文的镜子，常以铭文称呼它们，如日光镜、昭明镜、铜华镜。许多名称已约定俗成，为大多数人所接受。有的铜镜兼有纹饰和铭文，铭文为"尚方"，纹饰为四神的，则称尚方四神镜。

颜色：①镜子表面所呈现的颜色，如漆黑、绿黑、灰黑、灰白等。漆黑俗称"黑漆古"，绿黑、青黑、青绿色俗称"绿漆古"，灰白、白亮俗称"水银青""水银沁"，铅黑、灰黑古称"铅背"。②镜子研磨面所呈现的颜色，如白色、银白色、深灰、淡黄、黄中闪白等。这些色泽的不同，与铜镜合金成分及受腐蚀的情况有关系。

西汉重圈铭文镜

直径 15.8 厘米，圆钮。

并蒂十二连珠钮座。座外两周凸弦纹圈及栉齿纹将镜背分为内外两区，两区内都配置铭文。内区铭文为："见日之光，长不相忘"，每字间有圆涡纹相隔，外区铭文为："清冶铜华以为镜，昭察衣服观容貌，丝组杂以为清光宜佳人"，外区篆书字体大，有四枚圆涡纹相隔，素平宽缘。

刘亚谏讲铜镜

第二章

铜镜的历史分期

刘亚谏讲铜镜

·铜镜的历史分期·

　　我国被确认最早的三面铜镜，是距今 4000 年的齐家文化铜镜，制作得较为粗糙。夏、商、西周早期都有铜镜发现。到西周、春秋时期，铜镜开始大量出现，这时期铜镜都是圆形的，背面有很窄的钮，并有几何形或鸟兽形装饰。战国两汉时期，铜镜得到了繁荣发展，成为极富特色的一种艺术品。此时的铜镜背面常有各种不同的铸塑装饰物，如虎、龙等，有的铜镜铸有篆书阳文，这对我们研究当时的社会历史有重要参考作用。唐代是铜镜制作的又一个鼎盛时期，平脱镜、螺钿镜、金背镜、银背镜屡有发现，纹饰题材丰富多彩，制作水准极高，一些保存较好的唐镜至今仍然光洁如初。宋代，铜镜制作开始走下坡路。后又经历了元、明，直到清代中晚期以后，随着玻璃制镜技术的传入及流行，青铜镜逐步为玻璃镜所取代，退出了人们的生活。

1. 铜镜的出现期——齐家文化、商、周

齐家文化是中国新石器时代晚期,是一个铜、石并用的时期,距今4000年。1975年,甘肃广河齐家坪墓葬出土了一面七角星纹镜。

商、周时期,是中国青铜器发展的鼎盛时期,但是铜镜的发展仍处在初创阶段,铜镜的制造和使用尚未普遍。这一时期的镜形均为圆形,镜体薄,镜钮不太规范,桥形、长条形、橄榄形都有,已知的考古发掘约有百余面,1976年殷墟妇好墓出土了四面殷商时期的铜镜。

纹饰方面,齐家文化和商代镜均以较简单的几何纹居多,如七角星纹、平行线纹、叶脉纹等,以及一些素镜。周代则多为素镜,从铸造来讲,工艺较粗糙,含锡量偏低。

整体而言,这时期的铜镜简单朴拙,仍有一定的形式美。

2. 铜镜的发展期——春秋、战国、秦

春秋、战国是铜镜的发展与流行时期,特点是形体轻巧,纹饰精致,线条流畅。镜形以圆形为主,偶见方形,多为弦纹钮。纹饰结构初期为单纯地纹,后在地纹上增添主纹饰。战国中晚期出现了透雕(镂空)、金银错、嵌玉、

商代晚期叶脉纹镜

直径 12.5 厘米，弓形钮。

镜面微凸，镜背饰凸弦纹三周。第一周弦纹在钮的周围，无纹饰。第二周与第三周之间，是圆面的中心区，均匀地辐射出平行双线，把镜纹分为四区，每区由放射直线、斜线组成排列有序、茎脉分明的两片树叶形，相对两区纹饰相同。第二周与第三周凸弦纹之间，有排列有序的小乳钉纹 51 个。

战国蟠龙纹镜

直径 16.5 厘米，圆形，三弦钮，圆钮座。

靠近钮座饰四叶纹。主题纹饰为盘曲的四龙，地纹为细密的点状勾连纹。

彩绘等铜镜。

这时期，铜镜的纹饰主要有：素镜、纯地纹、花叶纹、山字纹、饕餮纹、菱格纹、凤鸟纹、兽纹、蟠螭纹、狩猎纹等。

3. 铜镜的鼎盛期——西汉、东汉

两汉是中国铜镜发展的鼎盛时期。全国各地均有出土，数量多，分布广。镜形基本为圆形，半圆形钮为主，也出现了一些兽形钮，纹饰表现手法为平雕、线雕和浮雕。汉代铜镜开始出现铭文。纹饰种类，主要有西汉的蟠螭纹、蟠虺纹、草叶纹、规矩草叶、规矩蟠螭纹、百乳纹、四乳四虺，以及"日光""昭明"等以铭文为装饰的铭文带（指有铭文的部分）镜。自西汉晚期王莽至东汉早期，出现了四乳禽兽纹、多乳禽兽纹、四神规矩纹等。这期间产自浙江绍兴的画像镜、半圆方枚神兽镜是其中的佼佼者，其工艺以高浮雕为主，刻画极为精细，纹饰内涵丰富，多有铭文，反映了当时的社会意识。之后还有连弧纹、变形四叶纹、龙虎纹和夔凤纹等，纪年铭文亦开始流行。

4. 铜镜的缓慢期——三国、魏晋、南北朝

三国魏晋时期是铜镜发展的中衰时期，由于社会动荡，铜镜出土量少，

流行纹饰基本是东汉纹饰的延续，创新不多，南北方差异大。南方由于社会相对稳定，以湖北鄂州、浙江绍兴为中心的铜镜铸造业保持了一定的兴盛；北方则由于战乱频繁，铸镜业基本处于衰退阶段。

湖北鄂州出土的铜镜纹饰出现了佛像图案，反映了佛教传入中国之后，佛教的艺术造型开始影响到铜镜铸造的纹饰图案，渗入人们生活的各个方面。

5. 铜镜的繁荣期——隋、唐

隋、唐时期中国铜镜又进入了一个复兴、繁荣的新高度。镜形上，除圆形外，出现了方形、葵花形、菱花形等。镜体较为厚重，铜质含锡量高，镜钮以半圆形为主，同时出现了兽钮、龟钮等。

纹饰种类上有四神、十二生肖、团花、瑞兽、瑞兽葡萄、瑞兽鸾鸟、雀绕花枝、对鸟、花卉、人物故事、盘龙、八卦、万字等。另外，含有佛教与道教文化的宗教图纹的纹饰流行，如佛教的菩萨骑瑞兽纹、飞天纹、宝相花和莲花等，道教的五岳八卦纹、道符星宿纹等，反映了隋、唐时期丰盛开放的宗教文化。

随着社会进入相对稳定及繁盛的局面，这时期的铜镜亦摆脱了两汉以来的神秘怪诞气氛，更接近人们的现实社会生活；表现手法也更多样化、浪漫化。

唐代兽鸟菱花镜

直泾 14 厘米，此镜八瓣菱花形，圆钮，内切圆形。

整枚镜形似盛开的花瓣，镜钮外有两鸟两兽，鸟儿展翅飞翔，两兽昂首奔跑，鸟兽之间隔有折枝花，外圈莲花瓣内有花蝶纹饰。

特种工艺镜如金银平脱镜、螺钿镜、银壳镜等十分精美，是当时突出的镜类。

6. 铜镜的衰缓期——五代、宋、辽、金、元

两宋是社会由盛转衰，也是铜镜由盛向衰的转折时期。此后，铜镜的合金成分发生变化，含锡量下降，含铅量上升，整体工艺水平呈明显的下降趋势。部分原因与当时"存天理，去人欲"的社会风气有关，使人们自由的艺术思想受到阻碍；加上宋代经济发达，大量铜被用作铸币，也间接使铜镜的发展受到影响。

这时的铜镜形制，呈现多样化：除延续了唐代的菱花形、葵花形外，长方形、钟形、盾形、心形、鼎炉形、手柄镜等花样繁多。比较流行的纹饰有缠枝花草、双龙、双凤、神仙人物、八卦等。素镜和带有商标铭文的铜镜占有很大比重，整体呈现素雅纤秀的风格。

辽、金、元时期社会动荡，生活不安定，铜镜铸造业也处于不景气的状态。这个时期的铜镜，其铜质和纹饰制作的工艺水平有所下降。尽管如此，也出现了一些新的纹饰品种，如花卉纹、球路纹、龙纹、双鱼纹、摩羯纹等；特别是人物故事镜，内容较为丰富，如许由巢父纹、柳毅传书纹、

宋代四花镜

直径 13 厘米，方形，圆钮，花瓣钮座。

围绕钮座向四角配置四朵大花，花瓣盛开，花蕊吐香。宽平素缘。

犀牛望月纹等，具有独特的风格。镜体开始脱离唐代厚重的风格，胎变得较薄。

金代还出现了相当部分仿汉、唐、宋的铜镜，这可能是由于金代的"铜禁"所致，金代铜十分匮乏，使得皇宫中供奉祖先的祭器也不得不用陶器替代，因此对民间铸镜管理更严。《金史》载："（大定）十一年（1171年）二月，禁私铸铜镜。旧有铜器悉送官，给其直（值）半。"但民间却又屡禁不止，还以仿制旧镜而避过官府耳目，如上述的人物镜就是以前朝故事为题材。

7. 铜镜衰落期——明、清

明、清时期因为玻璃镜的出现逐渐取代了铜镜，所以这时期已是中国铜镜的尾声。明、清铜镜多作为象征吉祥、团圆的信物或礼品而出现，其铜镜多为黄铜，基本为圆形，新创的纹饰有人物多宝镜。这一时期，仿古镜较多，商标铭记、吉祥铭文、纪念铭文增多，质地纹饰较粗糙。清中晚期有一批宫廷造办处制作的铜镜质量较好，但大部分成为一种装饰物，而非实用器。

清代百子图镜

直泛 36.5 厘米，圆钮。

镜背饰 32 个形态不同的天真稚童，其中有五子夺盔，意为"五子夺魁"，有三重三元、莲生贵子、榴开百子等，寓意广泛，皆体现了童子身上所饰之物。此镜形体厚重硕大，制作精细。

~ 第三章 ~

铜镜鉴定的工艺特色

—— 刘亚谏讲铜镜 ——

· 铜镜鉴定的工艺特色 ·

一、形制

1. 镜形

圆形：齐家文化至清。齐家文化至隋绝大多数为圆形；唐宋除圆形外，还有不少其他形状；金至清绝大多数为圆形。

菱花形：有四、五、六、七、八及十二菱边等形式。唐宋辽金元都有，唐宋居多。唐八菱花多，宋六菱花多。唐镜弧线圆润，流畅自然；宋镜中部平凹。

葵花形：有四、五、六、七、八等弧边形式。唐宋较多，唐八曲多，宋六曲多。唐弧曲较婉转自如；宋较平浅，有的中部有起伏。

正方形、正方（直角）形：战国、隋至清。

战国四山镜

直径 14.2 厘米，三弦钮，方钮座。

主纹为四山纹，山字的底边与方钮座平行。钮座四角伸出的花瓣，作为四个山字的间隔。山字右侧点缀花瓣，地纹为细密的羽状纹。

四方入角形：晚唐、五代、宋。

四方切角形：宋。

长方形：汉（一面）、宋 。

多边形（多角形）：宋、辽、金 。

有柄形：宋至清。

盾形、钟形、鼎炉形、鸡心形等：宋。

2. 钮形

弦纹拱钮：春秋、战国、西汉早期。

连峰钮：西汉中期。

半球表钮（圆钮）：西汉至五代最多。

大扁圆钮：东汉中晚期、三国、两晋。

兽钮：战国至隋唐。

龟钮：唐。

平顶式小圆钮：金、元、明、清。

拱形钮：宋至元。

战国三山三鹿镜

直径 12 厘米，此镜三弦钮，圆钮座的外圆作浅凹弧形。

镜缘上卷，镜面平坦。主题纹饰为三个山字形，左旋排列，倾斜度较大，形成不平衡状态。两山字形间有浮雕鹿纹，鹿作回顾状，竖耳，体饰斑纹，以羽翅纹为地，铸作甚精。

西汉连珠纹昭明镜

直径 15 厘米，圆形镜面，素缘，半球形钮。

以宽环带相隔为内、外区：内区装饰连珠纹和栉齿纹；外区装饰铭文一圈，铭文为"内清质以昭明，光象夫日月，心忽扬忠然而不泄"。铭文带内外各装饰凸弦纹和栉齿纹一圈。全器完好，镜面略凹，光洁可鉴。

圆柱形钮：明、清。

银锭钮：明。

方形钮：元、明、清 。

3. 钮座

圆形：战国至宋元。

方形：战国。

连弧形：战国、汉。

柿蒂形：汉、唐。

并蒂十二连珠形：汉。

连珠形：唐。

花瓣形：唐、宋。

二、质地

齐家文化至西周：含锡量一般较低。

春秋至唐、五代：含锡量一般较高，含铅量较低。

宋至明、清：含锡量往往较低，含铅或锌较高。

三、色泽

有称胎质呈色，有称研磨面呈色的。学者们的总结稍有差异，下面分别列出两种学者的观察（以／号为界）：

春秋战国：显红白色或浅黄色。

汉：深灰银灰／多呈白色，少量微黄。

隋唐：银白色多，黑褐色少／全呈白色。

宋金：黄中闪红铜质／黄或黄赤。

元：黄铜质／黄或黄赤。

明：黄中闪白／黄或黄赤。

清：黄中闪黄／黄或黄赤。

四、雕刻

铜镜的雕制是一项专门的技艺，以下是铜镜雕刻中普遍使用的方法。

1. 镂空（透雕）

从传世和出土资料来看，此类镜采用方形的较多。由镜背与镜面相合而成，一般镜面为青铜，背面为模铸镂空式红铜，因此为"二重镜"。湖南长

隋唐四神十二生肖镜
直径 18.2 厘米，圆形，圆钮，钮周围为十二枚珍珠纹圆钮座。

一周弦纹将镜背分为内外两区：内区四神青龙、白虎、朱雀、玄武环钮排列；外区为十二生肖灵活生动，形态逼真。其外为两周三角锯齿纹。此镜银地鎏金，银地尚有缠枝纹和细珠纹，以锤脱工艺制成。做工精细，品相完美，实属罕见。

沙楚墓中出土有透雕蟠螭纹镜；四川涪陵战国早期墓出土有透雕双龙纹镜。流失于国外的镂空纹镜也不少，纹饰亦为蟠螭纹，还有四夔纹、嵌石变形兽纹镜。

2. 金银错

所谓金银错工艺，是将金银类的物料以条状、块状形式填入到铜镜背预先做好的凹槽内，再将其错磨平整。这种工艺大约在春秋战国时兴起，战国时有了较大发展。最有名的错金银镜当属河南洛阳金村出土的狩猎纹镜。

3. 镶嵌式

镜背镶嵌绿松石、玉、琉璃等的工艺。山东淄博出土的铜镜有 29.8 厘米，在粗线条的云纹上错以金丝，地上嵌绿松石，还嵌了 9 枚银质乳钉。据传河南洛阳金村出土已流失于国外的嵌玉和琉璃镜亦十分华美，背面正中嵌一枚圆形蓝色琉璃，其外嵌素面白玉环，环外一周为蓝色琉璃，最外为索纹玉环。

4. 彩绘

使用色漆在铜镜背面素地上描绘花纹。河南信阳长台关战国早期楚墓中出土了几面彩绘镜。有以红、黑、银等彩色绘出的对称云纹镜；朱地上以黑、银灰、黄色绘出的蟠螭纹镜；绿、朱、褐等色绘出的云纹镜。湖南慈利楚墓

战国镶嵌玉琉璃镜

直径 12.2 厘米，蓝色琉璃钮，间以白色套圈纹，以玉环为钮座。

其外嵌六出花形与白色套圈相间的蓝色琉璃，镜缘为绳纹玉环。此镜做工独特，色彩艳丽，颇为珍贵。

出土了方形彩绘方格纹、圆形彩绘方格云钩纹镜，湖南长沙楚墓中四兽纹镜素缘绘有红色方连纹。另外已流失在国外的凤鸟纹镜上有敷彩的，此镜据传为河南洛阳金村出土。

5. 鎏金

考古出土资料证明，汉代流行鎏金银技艺的铜镜。所谓鎏金银是用汞剂涂附法外镀金银的工艺，一般是将水银与金粉或银粉合在一起研磨成汞剂，涂在处理干净的铜器表面，用一定方式加热器物，使汞剂中的汞挥发，留下金粉或银粉均匀地附在铜器表面。

6. 金银平脱

金银平脱镜是将金片、银片裁剪成所需要的纹样，将其贴在填满胶漆的镜背上，然后在上面涂漆数层，待干后加以细细研磨，使贴上的金银饰片与漆面平齐，凸显出金光灿灿、荧光闪闪的纹饰。

7. 螺钿

用螺蚌贝壳薄片造成所需要的图案，用漆贴在器物上的工艺。中国一般器物的螺钿工艺约始于商代，但唯铜镜的螺钿工艺盛于唐。

唐代镶嵌螺钿花葵花镜

直径 27.4 厘米，圆钮，连珠纹钮座。

内区饰花蕾、莲叶纹。外区为四朵大莲枝，中间为盛开的花瓣以及繁茂的枝叶、蔓生的花蕾。整个纹饰由玉石、青金石、贝壳、琥珀组成，色彩艳丽，具有极强的装饰性。

第四章

铜镜收藏真赝辨别

刘亚谏讲铜镜

·铜镜收藏真赝辨别·

一、铜镜的鉴定

　　近年来古铜镜的收藏越来越为收藏者所关注，仿冒的古铜镜流行于市场。由于不同时代铸造的铜镜具有不同时代的特征，因此收藏者辨别古铜镜的真伪，首先应从铜镜的性质、纹饰、表现内容等方面，对各代铜镜加以了解。古铜镜传于今日，大多为出土的。古代墓葬必用水银，因此今日出土的铜镜必受水银染变。因铜质优劣及水银强弱不同，它的水银色也不同，有银色的、铅色的。铜镜的质地晶莹，又受水银沾染，年久入骨，满背水银，千古亮白，称为银背；如果先受血水秽污、再受水银侵入，其铜质复杂，则色如铅，年远色滞，称为铅背；还有半水银半青绿朱砂堆的，先受血肉秽腐，其半日久酿成青绿，其半净者，乃染水银，故一镜之背二色间杂。现在的铜镜以银背为上品，铅背次之，青绿又次之。如果铅背埋土年代久远，遂变纯黑，谓之黑漆背，此价尤其高，但这种颜色也较易伪作。

在此基础上，收藏者还可以通过听声、看形、辨锈、闻味等几个方面，来辨别古铜镜的真假。听声就是敲击铜镜，通过铜镜发出的声音来辨别真伪。由于新老铜镜在制作时，铜、锡、铅等原料配置的比例不同，因此，其发出的声音也不相同。新仿铜镜和老铜镜在声音上有很大区别。老铜镜普遍声音比较低沉、圆润。新仿铜镜声音比较清脆，甚至刺耳。

"看形"就是研究铜镜的形状，从形状上对古铜镜的真伪进行辨别。为保证铜镜具有真实、清晰的效果，古人在铸造铜镜时，镜子的大小和弧度有严格的比例。一般来讲，小一点的铜镜可以看到比较平缓的弧度，超过20厘米的铜镜就基本是一个平面，看不出明显的弧度起伏。而新仿的铜镜弧度与镜子的大小普遍不成比例，大铜镜弧度很大，小铜镜弧度收缩不自然。所以，仿制铜镜照出的人和景物，往往不清晰，甚至变形。

从锈上来说，新仿的铜镜，它的锈是后做上去的。有的采取化学的作用，

战国五山镜

直径 13.8 厘米，圆形，三弦钮，圆钮座。

主纹为五个斜向排列的山字纹，地纹为羽状纹。钮座外围，均匀地伸出五片叶纹，叶脉清晰，做工精细，纹饰美观。

有的把老铜器上的锈划下来，用胶合起来粘连在仿镜上。可以用水来辨别。把仿品镜放在水里，会出现几种情况，一种情况是它不沾水，有锈的地方它不沾水，是逆水的，就像荷叶沾水一样的感觉。沾水以后，新仿镜有几种味道：一种是硫酸味；一种是臭味，碱烧过的那种臭味；还有一种是铜腥味。就是刚炼出来的铜做成的铜镜，有一种铜腥的味道。老铜镜一般有一种铜香味，我们说的铜香味，就是出土后的泥土香味。

二、铜镜伪制

1. 仿古作伪

识别仿古镜首先要了解仿镜的类型、仿镜的时代，特别是要找出不同时代仿镜的特征和规律。

2. 仿镜的时代

所谓仿镜的时代，包括两个方面：一是在我国什么时候开始制作仿古镜？二是仿镜中仿制哪些时代的镜子？

第一种意见认为：铜镜仿古从唐代开始，宋以后宫廷、民间仿古镜盛行，各种样式的镜均仿。第二种意见认为：仿古镜始于宋代，唐代不仿汉镜，仿

战国三龙镜

直径 16 厘米，三弦钮，云雷纹圆钮座。

外围饰一周凹面形环带，地纹为双线折叠式菱形纹，菱纹之内有正三角形纹饰，菱纹外均填以密集的细点纹。在地纹上三龙绕钮均匀排列，龙头较小，长唇外卷，头上有角，C 字形的长尾，三龙足部弯曲，伫立于凹面环带弦纹圈上，龙作绕钮追逐状，体态轻盈。此镜品相完美，纹饰清晰优雅，为战国镜之精品。

汉镜是从宋代开始的。第三种意见认为：宋并不仿汉镜，过去一直认为的许多宋仿汉镜实际上是明代仿镜。

仅从仿镜的时代来看，众说纷纭。可见研究、识别仿制镜，对于广大收藏者和考古工作者来说，实属当务之急，因它涉及鉴定、收藏、征购、出售等多方面，必须谨慎从事。

（1）铜镜仿制的手法

从目前所知，仿镜不外乎三种方法，即用早期镜直接翻模、用摹本仿照制模和碎镜拼接法。第一种方法简单，制作容易，识别起来，说易也易，说难也有一定难度。因为原镜花纹、铭文清晰，线条流畅，而直接翻模镜，虽然镜型相同，但往往纹饰、铭文模糊，线条不流畅，显得呆板。一眼望去，感觉便不一样，容易鉴别。但是的确有些真镜，由于年代久远，制作不精，铭文、纹饰也较模糊，而一些仿镜也仿得不错，因此仅用这些标准确定仿镜是不易的。在镜型、纹饰、铭文相同的情况下，还要注意铜镜的铜质、镜体厚重。

用原镜作摹本仿照制模的情况就复杂一些了。至少有两种情况，一是完全按照原镜纹饰图案、铭文仿刻于模范上，铸成的铜镜虽然型有异，但铭文、

战国四虎纹镜

直径 8.9 厘米，圆形，桥钮，圆钮座，宽边外缘。

四虎作高浮雕，向右横向排列，虎头对着钮座，并用嘴咬住钮座。兽目圆睁，虎视眈眈，动作矫健，栩栩如生。此镜纹饰清晰，品相上乘，是罕见的战国镜精品。

纹饰大同小异，需要加以比较、确定是否仿镜。二是虽然以原镜为摹本但铸镜匠师又加刻纹饰和铭辞，铸出来的镜子有的纹饰与铭辞时代不合，如明明是汉镜却加上明代镜中常见的铭辞；有的形制与纹饰不等。只要稍为熟悉中国铜镜，这类镜子也容易识别。

还有一种是碎镜拼接法：即粘补铜镜，大概铜镜从土里挖出来的时候，多数是破碎或缺损的，作伪者将破碎零片焊粘成一个整体，其缺损之处，又另用铜锈补上；凡市上的铜镜，其镜面不光滑且有绿锈的地方，都是添补之处。

（2）铜镜仿制的类型

各个时代仿镜的类型是不同的；即使是同一类型的镜子，不同时代仿制也有侧重点。

唐代仿镜：唐代是否有仿镜？尚有不同看法。

宋代仿镜：根据目前所见资料，宋代有仿汉唐铜镜。仿汉镜有日光镜、昭明镜、清白镜、画像镜、规矩镜、龙虎镜。

金代仿镜：金代主要仿汉、唐、宋镜的图案。

仿汉镜有星云镜、四乳"家常富贵"镜、日光镜、昭明镜、规矩镜、四兽镜、

西汉四乳龙虎追逐镜

直径 14.3 厘米，圆钮，四叶纹钮座，中间有四圆形花蕊，座外凸弦纹圆带。

主纹为四乳相间四组纹饰，两组为羽人戏龙，羽人一手持物前伸，两羽人一坐一立，三龙均为曲颈昂首面对羽人；另两组为虎追羊、虎追鹿，周围填以云纹，双线波折纹缘。此镜造型精美，工艺流畅。

画像镜、清白镜、龙虎镜。

仿唐镜以海兽葡萄镜最多。

仿宋镜的花卉镜、八卦镜、湖州镜。

明清及民国时期仿镜：仿古风气极盛，宫廷民间均仿，各个时期的镜子都仿。

仿战国镜，汉镜中的日光镜、昭明镜、规矩镜、盘龙镜、龙虎镜、双凤镜、画像镜、蟠螭镜。

仿唐镜中的海兽葡萄镜、花鸟镜、弯兽镜。

仿宋金的人物故事镜、湖州镜、双鱼镜、铭文镜。

从以上各代仿镜的类型看，汉代的日光、昭明等铭文镜、规矩镜、画像镜、龙虎镜，唐代的海兽葡萄镜、瑞兽镜、花鸟镜，宋代的湖州镜、八卦镜等是后世仿制的主要镜类。其中汉代的日光、昭明镜几乎历代都仿。明确了各时代的仿镜，对于鉴别仿镜无疑划出了重点范围。

不同时代，铜镜具有不同的特征，都会受到当时的政治、经济、文化及习俗的影响。真镜如此，仿镜又怎样呢？我们认为仿镜虽然具有真镜的特征，

西汉日光对称单层草叶镜

直径 11.5 厘米，圆钮。

钮座外一单线方框和一凹面大方格纹，格内文字连续为："见日之光，天下大明。"方格四内角
为对称斜线纹，四外角伸出双瓣花枝纹，枝尖外射四乳钉及桃形花苞两侧各一对称单层草叶纹，
内向十六连弧纹缘。

但毕竟不是那个时代的产物，必然或多或少地显露出仿镜所处时代的某些特征，总结不同时代的仿镜特征是极为重要的。

（3）各时代仿镜的特征

要掌握各时代仿镜的特征，最重要的还是了解各时代铜镜的特征，即形制、纹饰、铭文、铜质等方面。有关这些前面已经阐明，不必重复。这里还要强调几个重要特征。

铜质有别。由于宋以后是我国铜镜合金成分发生重要变化的时期，含锡量明显减少，含铅量增多，锌的比例也加大，因此铜质、色泽均有变化。这应是辨别仿古镜与真镜的一个重要方面。

宋仿镜质地不如汉唐镜。质较软，黄铜质，黄中闪红。金仿镜一般比仿宋镜铜质略泛黄。明清宫廷仿镜虽然是黄铜质的，但明仿镜黄中闪白，清仿镜黄中闪黄。

品相有异。合金成分的变化，带来质地和色泽的不同，必然影响到铜镜的优劣。宋金仿镜铜质粗糙，纹饰模糊，线条粗放，显得呆板。明清仿镜纹饰远不如汉唐精致，也不如宋镜，这与明清仿镜含锡量大大减少以及含锌量大幅度增加有关。当然明清仿镜也有很好的。

形制不同。铜镜虽然一般不大，镜背面积小，但在这一小块天地中，各时代的匠师在纹饰、铭文、外形、划分纹饰的圈带、边缘、钮、钮座等各个方面花样翻新、极尽变化。我们对比不同时代的各部位的特征，掌握哪怕是微小的变化，也是区分真镜与仿镜的重要方面。仅举几例：宋仿唐菱花形、葵花形镜，唐代此类镜均为八出形，而宋代多六出形，即使是八出形，唐宋弧边曲度也不尽相同。

金代仿镜中，不管仿哪个朝代，如果有錾刻的官府检验的文字和画押，便极易辨明。

明清仿镜镜缘直齐、棱角分明，钮的差别较大。明代银锭钮居多，明清钮顶平且面积比宋元仿镜大得多，还多在平顶上铸出铭文。

增加内容。前面已提到，在用原镜摹本仿照制模时，当时匠师又加上一些纹饰和铭辞。据我们看到的一些资料，所增加的图纹和铭文在内容及形式上，虽然随意性很强，没有非常明确的规律，但从许多仿制镜增加的内容看，增加铭文的占绝大多数，而这些后加的铭文，最多的又是那些铸镜作坊、店铺和匠师的名号，极少数是铜镜使用者的姓名。

东汉羽人禽兽规矩镜

直径 30.6 厘米，圆形，圆钮，四叶钮座。

钮座外勾云纹宽条方框，方框外角各有一枚乳钉。规矩纹将镜面分为八个小区，内饰单线组成的羽人、弓箭、飞禽、走兽、鱼群、水面、森林等狩猎场面，十分壮观，再现古代社会游牧狩猎生活情景。此镜硕大厚重，品相上佳，是难得一见的精品。

从增加铭文所在位置看，大致有几种不同的情况，视原镜的纹饰内容而定。原镜只有纹样没有铭文的，增加的铭文多在纹的一处或二处地方，压住了原纹饰的一部分；原镜内区为纹饰外区为铭文的，增加的图文有的放在纹饰内；原镜没有纹饰仅有铭文的，如果是单圈带铭文镜，增加的铭文则加在原铭文圈带中，如果是二周圈铭文的，增加的铭文一般加在外圈铭文中。

粗略地统计一下，增加的铭文有：宫、陈、孙、笪、曹、李、吕、赵、马、祁家、曹铺、孔记、吕造、马青、鲁家造、张家造、李泰山造、李铺青铜、假充李镜真乃猪狗、祁家包换青铜、谢少塘造包换青铜等。

这些增加的内容，有的极明显，有的则比较隐蔽。本来镜子是一个平面，面积不大，可一览无遗，但有时因纹饰复杂和模糊，未深加注意，以致某些重要的著录中也出现失误，将后增加内容的仿制镜子定为原时代镜子。

第五章

铜镜鉴赏品味分析

刘亚谏讲铜镜

·铜镜鉴赏品味分析·

一、铜镜的造型艺术

古代铜镜绝大多数为圆形，少数为方形、葵花形、菱花形等。圆在中国古代是丰满、完整、吉祥富足的象征，因此圆形镜一直是铜镜的重要形式。方形是圆形之外中国古镜中最常见的造型，大部分方形镜为正方形，也有极为罕见的长方形造型。随着铸造技术的发展，唐代的铸镜工匠们吸收了波斯萨珊王朝的造型艺术，在铜镜制作中打破了传统的造型，出现了各式各样的花形镜，体现出了更高的艺术水准，成为铜镜中的一道绚丽风景线。宋代受崇古风尚的影响，铸出了别具一格的鼎形、盾形、钟形、四方形、圆角方形等铜镜。除了常见的几种异型类型，中国铜镜中还有带手柄镜、八边形、亚字形、云板形、鸡心形等造型。历代铜镜工艺美术大师们对铜镜造型表现手

西汉晚期铜华连弧铭带镜

直泾 19 厘米，圆钮。

并蒂十二连珠纹钮座，有短直线与弦线与凸圈带连接，凸圈带外为内向八连弧纹带，连弧间及顶端均有装饰纹样。两周栉齿纹间有铭文："炼冶铜华清而明，以之为镜宜文章，延年益寿去不年，与天无极如日光千秋万岁乐未央。"素平宽缘。

唐代孔雀瑞兽葡萄方镜

边长 16.6 厘米，方形，伏兽钮。

钮外凸起的方框作为内外区分界线，内区二孔雀间以二瑞兽。一只孔雀展翅叼啄葡萄，另一只孔雀立于葡萄上摇曳屏尾回首舔羽；两只瑞兽一俯一仰贪食葡萄，每串葡萄之间，饰姿态各异的瑞兽、鸟雀和蜻蜓。此镜构图生动，形态逼真，错落有致，妙趣横生。

段规律性的不断探索，精益求精，形式多样，铜镜造型艺术创作不断表现新的生活内容，满足着人们不断发展的审美爱好。

二、铜镜的纹饰艺术

铜镜铸造师们面对着一个同样的问题，铜镜只有两个面可供加工，而且这两个面的功能各异。铜镜一面是用来照容的，另一面中间有一个钮，用来持握或悬挂。镜子主要功能即是照容，因此不可能在正面装饰，工匠只能集中精力在铜镜的背面通过纹饰来展现他们的才能。一件成功的作品，正面和背面必须达到和谐统一，要做到这点并不容易，但铜镜工艺美术师们在镜背纹饰创造方面表现出了非凡的智慧和才思，做出了一件件和谐瑰丽的佳作。铜镜背部纹饰，图案优美、古朴典雅、构思独特、迷幻瑰丽，在我国古代艺术百花园中具有独特的魅力。

殷商时期，铜镜属于高档消费品，仅限于奴隶主使用和拥有。殷墟"妇好"墓殉葬品中，就有四面铜镜，这些铜镜纹饰以多层阳线同心圆弦纹、射线纹和斜线中脉纹组成，表明商代铜镜制作工艺接近成熟。

春秋战国时期，青铜冶炼技术达到了很高的水平。这时的铜镜不仅精致

唐代瑞兽葡萄镜

直径 32 厘米，圆形，双兽钮，大兽背驮小兽的镜钮较为罕见。

内区置六只瑞兽，作俯、卧、仰、蹲、跃等不同形态攀援葡萄枝蔓。外区饰六兽六鸟，六鸟五飞一栖，雀跃欢快；六兽穿插于葡萄蔓实之间，似与内区相呼应，俨然一片喧闹活跃景象。边缘饰流云纹。

战国四虎纹镜

直径 8.9 厘米，圆形，桥钮，圆钮座，宽边外缘。

四虎作高浮雕，向右横向排列，虎头对着钮座，并用嘴咬住钮座。兽目圆睁，虎视眈眈，动作矫健，栩栩如生。此镜纹饰清晰，品相上乘，是罕见的战国镜精品。

美观，而且纹饰艺术得到飞速发展，有虺龙纹、云雷纹、蟠螭纹等，这些纹饰自然流畅，欢快明朗，给人以美丽舒展、心旷神怡之感，显示出东周社会新兴地主阶级蓬勃向上、锐意进取的精神境界。

汉代的铜镜铸工精湛，朴实敦厚，在中层社会逐渐普及。这时铜镜的纹饰出现了新颖活泼的草叶纹、星云纹、乳状纹、瑞兽纹，表现了人们对美好生活的向往、憧憬和追求。王莽篡权，托古改制，此时的纹饰极具神秘的宗教色彩，于是出现了许多带有青龙、白虎、朱雀、玄武以及玉兔、蟾蜍等图案，将人们对于天和神的宗教观念，通过这些现实的或想象的动物表现出来。南北朝时期，受佛教的影响，铜镜的纹饰多以人物图案为主。

唐朝铜镜雍容华贵，斑斓瑰丽，又具豪放韵致。纹饰题材内容有神话传说、仙人月宫、历史典故、泉溪流水、婴童嬉戏、云烟楼阁、花草鸟虫、珍禽怪兽以及体育运动等，展现了世间令人陶醉的良辰美景，反映了人们生活水平的提高，生产的发展，思想意识的解脱，给人以独特的美感和极大的精神享受。同时还出现了艺术水平极高的金银平脱镜和螺钿镜、金银背镜等特种工艺镜，反映了隋唐社会积极进取、追求功业的精神风貌，呈现出一派蒸蒸日上、欣

辽代飞龙鸿雁镜

直径 15 厘米，圆形，小圆钮。

四只大雁围绕镜钮背向飞翔，四对雁翅组成一葵花钮座。四条飞龙展翅凌空，前后各有一雁与龙相对腾飞，间饰四组祥云，一烘托天空气氛。

元代柳毅传书镜

直径 17.2 厘米，圆钮，钮上方有"清铜"二字。

镜背主题纹饰为民间传说的柳毅传书故事，上方为一株枝叶繁茂的大树，一对男女叙谈，女子衣带飘拂，男子面向女子，双手拱起，右侧一书童牵马，树下草地上几只小羊栩栩如生。下方是碧波涌动的湖水，鱼儿在水中嬉戏。素缘。

欣向荣的升平景象。

宋、辽、金、元铜镜，纹饰题材着重写实，许多精美的佳构，展现给我们一幅幅生意盎然的山水画卷。

铜镜以其美妙的工艺语言和形象揭示了数千年间人们审美观念的变化、民俗的变迁与发展。战国的清新，汉代的庄严凝重，唐朝的丰满华丽，宋代的理性美，元代的精壮豪放，明代的典雅，清代的纤巧等时代审美特征，在铜镜纹饰中惟妙惟肖地表现出来。因此，铜镜的纹饰以其完整、浓厚、质朴、典雅、大方、明快，又富于浓郁装饰美的特色，在我国古代艺术中占有重要的篇章。铜镜纹饰不仅是高艺术性的创造，还是一种强有力的文化精神，是活泼的创造力量的体现。

三、铜镜鉴赏的纹饰归类

殷商时代出土的铜镜，至今发现的只有五面：其中一面镜背有弓形钮，饰以席纹和鳞纹图案；另四面均为圆形，镜背有拱形环钮，且分别装饰以叶脉或多圈凸弦纹，镜成近平或微凸，镜身较薄。此时铜镜纹饰具有自己的风格，这种风格也见于同时出土的其他器物上，如铜镜上的弦纹、乳钉纹，也常见于殷代的青铜器上。

西周铜镜迄今发现的有十五面，均为圆形。镜面平直或微凸，镜身较薄，镜钮有橄榄形、弓形、半杯形、长方形等多种，可分为素镜、重环纹镜、鸟兽纹镜三类。西周时期以素镜为主，西周晚期，镜背的纹饰发生了变化，新出现了动物纹饰，打破了传统的风格。

春秋战国是我国铜镜盛行发展时期。春秋战国铜镜的特点是：形体轻巧，纹饰精致，线条流畅，一扫前期铜镜幼稚朴拙的风格，展现出青铜工艺的新面貌。此时铜镜多为圆形，纹饰表现手法多样，有浅浮雕、高浮雕、金银错、嵌石、彩绘等。图案多采用地纹衬映主纹手法，主纹地纹相映成趣，图案显得完善而和谐。根据春秋战国铜镜的主题纹饰图案划分类型，共分为如下几类：

（1）素镜类：全素镜、弦纹素镜、宽弦纹素镜；

（2）纯地纹镜类：羽状地文镜、云雷地纹镜；

（3）花叶镜类：叶文镜、花瓣镜、花叶镜；

（4）山字镜类：三山镜、四山镜、五山镜、六山镜；

（5）菱文镜类：折叠式菱纹镜、连贯式菱纹镜；

战国三山三鹿镜

直径 12 厘米，三弦钮，圆钮座的外圆作浅凹弧形。

镜缘上卷，镜面平坦。主题纹饰为三个山字形，作左旋排列，倾斜度较大，形成不平衡状态。两山字形间有浮雕鹿纹，鹿作回顾状，竖耳，体饰斑纹，以羽翅纹为地，铸作甚精。

（6）禽兽纹镜类：兽纹镜、凤鸟镜、禽兽纹镜；

（7）蟠螭纹镜。

西汉铜镜在制作和艺术表现手法上有很大发展。西汉初期至武帝时期，铜镜逐渐厚重，钮多作半球形，或作柿蒂形。图案布局和纹路也有新的变化，出现了以四乳钉为基点组织的四分法布局形式，主纹突出，地纹逐渐消失。主题纹饰素朴，图案结构简单，改变了战国时期那种严谨的细密风格。西汉晚期至东汉中期，规矩镜成为最精美的类型，纹饰以四神为主，图案有四神、动物、禽鸟及群邪、羽人之类，活泼生动。纹饰布局突破了"心对称"古样设计，出现了"轴对称"式新风格。此外，"透光镜"的出现，也给汉代铭文镜带来了极大光彩。所谓透光镜，是指将镜面对着日光或其他光源时，与镜面相对的墙壁上能映像出镜背文饰或铭文的字样的铜镜。汉代除了继续沿用战国镜外，最流行的铜镜大致有下列15类：

（1）蟠螭纹镜类：缠绕式蟠螭纹镜、间隔式蟠螭纹镜、规矩式蟠螭纹镜；

（2）蟠虺纹镜类：方格四虺镜、连弧蟠虺纹镜；

（3）草叶纹镜类：四乳草叶纹镜、规矩草叶纹镜；

西汉早期折角纹镜

直径 13.9 厘米，圆钮，四叶纹钮座。

外为一凹面圈带，主纹为排列密集而整齐的折角方形纹，宽素卷边缘。此镜做工精细，纹饰清晰，品相完美。

东汉五乳禽兽镜

直径 11.6 厘米，圆钮。

圆钮座外环列八乳，八乳间有三角及勾云纹，两栉齿纹内饰五乳，个乳环绕圆圈，用三直线相连，五乳间有：青龙、白虎、朱雀、瑞兽及羽人，外缘锯齿加双线波折纹。此镜纹饰清晰，做工精良。

（4）星云镜类；

（5）连弧纹铭文镜；

（6）重圈铭文镜；

（7）四乳禽兽纹镜；

（8）规矩纹镜类：四神规矩镜、鸟兽纹规矩镜、几何纹规矩镜，简化规矩；

（9）多乳禽兽纹镜；

（10）连弧纹镜；

（11）变形四叶纹镜；

（12）神兽镜类：重列式神兽镜、环绕式神兽镜；

（13）画像镜类：历史人物画像镜、神人车马画像镜、四神禽鸟画像镜；

（14）夔凤纹镜；

（15）龙虎纹镜类：龙虎对峙镜、盘龙镜。

魏晋南北朝时期，由于战乱频繁，社会动荡，我国的铜镜制造业进入了中衰期，这个时期风格仍沿袭汉镜，以三角缘神兽镜最为流行。铜镜纹饰常以民间故事为题材；此外，还出现了佛像图纹，这也是该时期铜镜的一个显

六朝神人骑马画像镜

直径 22 厘米，圆形，圆钮，花边圆钮座。

座外一周 12 只口衔花枝的小鸟环绕飞行。主题纹分为五组：一组中间端坐一神，右侧一人舞蹈，左侧一童一侍；一组中间一神，左右侍者三；一组一人端坐抚琴，右侧伴奏者三，中间一童；一组一人骑马，二人赶一牛车；一组一人骑马回首，二人市井小卖，共计十九人，人物刻画细致入微。边缘饰几何形云纹。

著特点。

隋唐时期是中国封建社会繁荣昌盛的时代，它结束了中国 300 多年的分裂割据，又复统一；吸收了四夷兄弟民族的文化，融会一体。铜镜工艺有强烈的时代感，同整个文化一样，不仅铸制工艺攀登了空前的高峰，而且在装饰艺术上出现了前所未有的成就。工艺上，锡和银的合金比例加大（占 40% 左右），使镜面显得特别亮洁而泛白光泽，映影十分清晰。造型上既端重厚实，又精致玲珑，形状不一，有葵花、菱花、方形、六角、八角、亚形等式样。装饰上自由活泼，大方美观，趋于世俗，寓有吉祥富贵和向往仙山琼阁的审美观念，有凤凰、天鹅、鸳鸯、喜鹊、珍鸟、狮子、天马、白鹿、云龙、海兽、牡丹、莲荷、葡萄、花束、嫦娥奔月、王子晋吹箫引凤、仙人、月宫等珍禽异兽、花鸟虫鱼、神话传说，无所不有，丰富多彩，斑斓瑰丽，反映了唐代社会繁荣昌盛、蒸蒸日上的景象。唐以后的五代，只经历了半个世纪，在艺术上可以说是唐代的遗风，很少有新镜问世，民间多沿用唐镜，即使铸制新镜也无多大特色。

宋代经济和科学技术有较大进步，反映在铜镜工艺发展上出现了一个高

战国五山镜

直径 13.8 厘米，圆形，三弦钮，圆钮座。

主纹为五个斜向排列的山字纹，地纹为羽状纹。钮座外围，均匀地伸出五片叶纹，叶脉清晰，做工精细，纹饰美观。

潮。但由于铜的产量所限，宋朝铜禁较严，加上铜镜的用量大，故而宋镜铸造的比较薄，合金工艺赶不上唐代。在装饰艺术上有些进步。装饰艺术与审美观有密切关系，宋代世俗地主阶级、士大夫阶层经过唐代繁华的社会之后，审美转向山水花鸟的自然界，这是宋代山水花鸟画勃起的主要原因。这种美学情趣，自然就反映在铜镜的装饰艺术上。因此，我们所看到的宋镜，在装饰题材中多为写生画的缠枝花草、鸟兽鱼虫、山水楼台、小桥流水人家以及陶醉在自然美中的"隐居"者。这些题材往往用精细的浮雕，追求真实的美感表现出来，毫无神秘的气氛，犹如从社会生活或自然界录下的一个个镜头，或说是画家一幅幅写生画。这样的装饰，是中国铜镜艺术发展史上一个重大的转折，显示了强烈的时代感。我们还可以看到宋镜的特点，在镜型上的多样化，特别是带柄镜大量出现，有的镜上铸有印记、铸镜作坊、年月、姓名和州县检查官记等，表明宋代不仅有官办铸镜作坊,而且民间铸镜作坊也很多。

元明铜镜沿用宋镜风格，不但没有发展而且趋于衰退，可以说是中国铜镜发展史上的尾声。特别是明代铜镜装饰十分粗糙，而且把以钮为中心的圆形图案改造成为分上下左右关系的进深画面了，题材中除一部分平面高浮雕

清代慎思堂十二生肖柄镜

直径 17.8 厘米，圆形带柄，圆钮，无钮座。

镜背素地，三周凸弦纹把镜背纹饰分成三区：内区铸铭"东来宝镜"四字，中区饰十二生肖纹带，外区为"嘉庆七年壬戌滇南抚置慎思堂铸"十四铭文。

西汉日有熹连弧纹镜

直径 18 厘米，圆形，圆钮，四叶纹钮座。

内区饰一周环带纹，其外有八瓣内向连弧纹带，连弧纹之间有简单纹样。外区两周短斜线纹之间为铭文带，铭文为："日有熹，月有富，乐无事，宜酒食，居（而）必安，无忧患，竽瑟侍，心志欢，乐未央，商常利。"此镜纹饰和铭文清晰，品相上乘，是汉镜精品。

西汉四乳四猴镜

直径 10.5 厘米，圆形，单弦钮，圆钮座。

镜面饰四只活泼的猿猴，长臂舒展，跃跃欲出，趣味盎然。猿猴之间各有一枚乳钉，与四个勾纹组成一朵小花。地纹为细密的圆圈涡纹，此镜为罕见的珍惜精品。

的亭阁人物之外，大量是素面铸字，如"长命富贵""福禄祥祯"等。到明代中叶以后，由于玻璃的使用，铜镜逐渐失去了实用价值，一般用于避邪，称为压胜镜，其艺术价值就谈不上了。

四、铜镜的铭文艺术

铜镜上铭文的字体经历了从笔画圆转、笔力遒劲的小篆到方劲挺直的汉篆，再到方正端稳的缪篆，美术体的悬针篆、鸟虫篆，再到方正规整的隶书，方正遒美的楷书。中国古代不断丰富且充满艺术美感的书法艺术体在铜镜中一览无余。篆书古朴典雅；隶书静中有动，富有装饰性；楷书工整秀丽，且风格多样，个性各异。铜镜上的书法艺术是任何器物都无法比拟的，它跨越时间长，涵盖书法艺术的各方面。对此，镜友长歌一曲，做过精辟的评价："铜镜的铭文，文字繁杂，书体丰富、精彩纷呈、蔚然大观，俨然是一部文字书法历史辞书，是研究文字、书法发展史不可或缺的实物资料。"铜镜铭文除了内容涉及纪年、干支、宗教、人物、冶炼、民俗、寓言、社会生活等诸多方面外，就书法书体而言，仍清晰可见篆—隶—楷的书体演变过程。而篆体在镜铭书体中运用较少，然其雄强浑厚、笔画凝重、粗细一致，匀圆对称、庄重典雅的篆体书法在镜铭中可谓浓墨重彩。镜铭书体多近于篆隶之间的变异体，这是由篆书向隶书转变的一个过渡期。以重圈铭文镜最为典型，铭文环绕铜镜两周，变异文书体美丽如画。至东汉隶书已臻成熟，隶书成了铜镜铭文中的自觉书体，其书写极似张迁碑书体，沉稳方劲、高洁明朗、朴雅秀隽，为汉隶的规范体。至隋唐，楷书镜铭盛行，其集魏晋南北朝楷为一体，形体方正，笔画平直，或谨严宽博、或丰茂雄浑、或疏瘦劲炼、或严整端庄，其中不乏魏碑之风，在众多的镜铭中，虞世南、欧阳询等大家之风依稀可见。由宋至明清，虽然院体、台阁体、馆阁体为官方书体，但镜铭书体仍多隶楷之体，偶有变异之篆书。可见篆、隶、楷在书法艺术中的分量举足轻重。由此可见，古代铜镜工艺美术大师在书法方面的造诣相当深厚。

五、铜镜鉴赏铭文集锦

铜镜中包含着真实的历史：在科学技术、审美艺术、伦理风尚、宗教神秘、哲学观念方面，几乎无所不包。中国文化的整体观和全息性，可以从中国铜镜文化中得到证明。就是说，从铜镜这个角度，似乎能窥见中国文化史的整体特点。

西汉昭明连弧铭带镜

直径 10.8 厘米，圆钮，圆钮座。

座外一周凸弦纹圈及一周内向十二连弧纹带，内有清晰的线条纹，两栉齿纹内有铭文："内而清而以而昭而明而光而象而夫而日"，此镜纹饰清晰，包浆一流，素宽缘。

东汉长宜子孙连弧纹镜

直泾 21.2 厘米，圆形，圆钮，四叶钮座。

叶间有"长宜子孙"四字铭文。外有凸弦纹圈带及八连弧带，连弧内有"寿如金石佳且好"七字铭文。外区由八个涡纹及并行弧纹组成变形云雷纹，外缘平宽。此镜纹饰清晰，品相上乘。

　　铜镜中的书法美值得重视。汉代是篆书向隶书过渡和隶书昌盛的时代，铜镜中的书法，正好体现了这样的时代特征。在汉镜中铭文的刻字，篆书占有重要地位。与隶书同时产生的八分字，在铭文中更为突出，这是值得注意的。为什么隶书体未入铭文？就像形之美韵而言，小篆不及大篆，隶书又不及小篆，铜镜作为追求美韵的艺术品，其铭文在篆书之外，不取隶书而取八分书，其原因可能在于，八分书在审美表现上高于隶书而又能适合时代的需要。所谓八分书，是指保留小篆之八分，从而保留了传统的审美韵味。这样，八分书与篆书在一起，就显得匹配和协调。同时，八分书又取隶书二分，从而使之还能适合时代变化的需要。

　　汉镜所显示的社会伦理风尚和宗教神秘内涵，也具有研究价值和意义。西汉是汉立朝和鼎盛发展时期。此时期铜镜所反映的社会伦理风尚是自然、质朴、健康的生活情趣。在草叶镜中，那种倾心自然和追求光明的图像刻画，那种对太阳礼赞的书法铭文，诸如："见日之光，天下大明""见日之光，长乐未央""见日之光，长毋相忘"等，都反映出当时从战乱转入和平发展时期所呈现的那种乐天向上的社会心态和时尚。还有那种不避世俗享乐的开放胸襟，也跃然于书法铭文之中，诸如："居必安""乐酒食""美人会""芋琴侍"等。虽然汉武帝有"独尊儒术"之举，但董仲舒的"三纲"思想，却几乎没有在铜镜艺术中有所反映，这是值得注意的。相反，人的自然情欲及其升华——爱情，诸如："洁清白而事君""长毋相忘""久不见""子志悲"等对于爱的忠贞与哀怨，成了铜镜的基本人文内涵。也许因为铜镜大多是作为情物献给佳人的，所以铜镜艺术能够在"三纲"缝隙中表现出一种爱的自由。

但是，到了东汉，当汉代走向下坡路时，反映在铜镜中的社会现实也是明显的。社会重新陷入大动荡，现实变得迷茫难以把握时，作为神灵的虚幻世界，就成为人们一种无奈的精神追求和寄托。中国的道教，就在此时应运而生了，在《陈介棋藏镜》的东汉铜镜中，种种"四神镜""神禽镜""神兽镜""神人镜"占绝大部分，正是当时人们精神凄迷的一种曲折反映。同时，即使不是属神的镜种，在图形和线纹的变化中，也渲染了趋向神秘的气氛。与此相应，在铭文中"避不祥"的字样比比皆是。"左龙右虎避不祥，朱鸟玄武调阴阳"。对现实的无能为力，必然趋向求神灵保佑，或者向往楚辞所描述的那种对现实的幻想式的超越，所谓"上大山，见神人，食玉英，饮浓泉"。

西汉家常富贵镜

直径 16 厘米，圆形，圆钮。

内区为内向十六片连弧纹，外区有铭文"家常富贵"四字，每字之间有一乳钉，与连珠纹组成一朵小花。外区同样也有内向十六片连弧纹。

另外，在变形的草叶镜即"变形四叶镜"中，西汉那种自然、质朴、乐观向上的心态不见了，代之而起的是对权力和官位的痴迷，所谓"为吏高升""君宜高官""长保官位"。值得注意的还有十二地支的反复出现，也显示出动荡时代人民对于天地运行规律性的稳定期盼。

汉初至魏晋南北朝的铜镜铭文，在内容上具有明显的一致性，大体可分为吉语祝词。纪年铭文，包括历代经典所载的"正名释义"，以及"轶事掌故""铭""诫""偈""诗""赋"等。由于此期铜镜铭文较多而且比较复杂，我们在赏析时往往会遇到很多麻烦。以下把铜镜铭文大致归类，以便大家掌握：

1. 日光铭

（1）见日之光，天下大明；

（2）见日之光，天下大阳；

（3）见日之光，长毋相忘；

（4）见日之光，美人在旁；

（5）见日之光，君来何伤；

西汉四乳四神镜

直径 18.8 厘米，圆钮，四叶纹钮座。

四叶间又有四空心叶纹，外加云纹，栉齿纹外一周凸弦纹带一宽一窄，中间有规律的几何云纹与半圆纹，二周栉齿纹内为四乳四神纹，四乳围以四叶瓣，四神均配置其他纹饰：青龙与盘坐的羽人，中间有小鸟，白虎追逐独角羊形兽，朱雀与另一禽鸟曲颈回首相对，玄武配一飞奔的鹿，空白处有花朵纹与云纹相填，凸弦纹外双线波折纹及连珠纹缘。这面四乳四神镜，有三组栉齿纹，宽窄凸圈带和缘带内两道纹饰相呼应，使整个镜背饱满清晰、布局协调，绘画技巧相当成熟，是一件难得的铜镜精品。

（6）见日之光，千秋万岁，长毋相忘；

（7）见日之光，所见必当；

（8）见日之光，天下大阳，服者君卿；

（9）见日大阳，服者君卿，所言必当。

2. 昭明铭

内清质以昭明，光辉象夫日月，心忽扬而愿忠，然壅塞而不泄。

3. 铜华铭

（1）炼冶铜华得与清，以之为镜宜文章，延年益寿辟不祥，与天无极如日光，长乐未央；

（2）清之冶铜华以为镜，昭察衣服观容貌，丝组杂以为信，清光乎宜佳人；

（3）炼冶铜华得与清，以之为镜昭万刑，五色尽具正赤青，与君无极毕长生，如日月光芒；

（4）清之冶铜华以为镜，丝组杂以为信，清光乎宜佳人；

（5）清之冶铜华以为镜，昭察衣服观容貌，丝组杂以为信，光宜美人。

4. 清白铭

洁清白而事君，察阴欢之翕明，焕玄锡之流泽，恐疏远而日忘，慎靡美之穷皑，外承欢之可说，慕窈窕之灵泉，愿永思毋绝。

5. 君有行铭

（1）君有行，妾有忧，行有日，反无期，愿君强饭多勉之，仰天大息，长相思，毋久；

（2）君有远行，妾（敢）私喜，×自次×止，君旋行来，何以为信，祝父母耳，何木毋庇，何人毋友，相思有长可长；

（3）君行卒，予志悲，久不见，侍前稀；

（4）昔同起，予志悲，道路远，侍前稀。

6. 相思铭

（1）与天毋极，与地相长，怡乐如言，长毋相忘；

（2）长毋相忘，君来何伤；

（3）长乐未央，长毋相忘；

（4）久不相见，长毋见忘；

（5）长相思，毋相忘，长贵富，乐未央；

（6）长相思，毋相忘；

（7）大乐未央，长相思，愿毋相忘；

（8）与天毋极，与地相长，欢乐未央，长毋相忘；

（9）常与君，相欢幸，毋相忘，莫远望；

（10）毋忘大王，心思美人；

（11）千秋万岁，长乐未央，结心相思，毋见忘；

（12）愁思悲，愿君忠君不说，相思愿毋绝；

（13）道路辽远，中有关梁，鉴不隐情，修毋相忘。

7. 日有熹铭

（1）日有熹，月有福，乐毋事，宜酒食，居必安，毋忧患，竽瑟侍，心志欢，乐已茂，固常然；

（2）常富贵，日有熹，常得所喜；

（3）日有熹，月有福，乐毋事，常得意，美人会，竽瑟侍，贾市程万物；

（4）日有熹，得君喜，常富贵，乐毋事（宜酒食）。

8. 君宜高官铭

（1）君宜高官，位至三公，大利；

（2）君宜高官，位至公卿；

（3）祝愿高官，位至三公，金钱满堂；

（4）与天相寿，与地相长；

（5）朱雀玄武顺阴阳，八子九孙治中央，照面目身万全，像衣服好可观，君宜官秩葆子。

9. 大乐富贵铭

（1）大乐富贵，千秋万岁，宜酒食；

（2）长富贵，乐未央；

（3）常贵，乐未央，毋相忘；

（4）大乐富贵，得所好，千秋万岁，延年益寿。

10. 皎光铭

如皎光而耀美，挟佳都而无间，慷欢察而性宁，志存神而不迁，得并观而不弃，精昭折而伴君。

11. 吉语祝词

（1）位至三公；

（2）君宜高官；

（3）家常富贵；

（4）长生宜子；

（5）寿如金石；

（6）位爵名公；

（7）大宜天子；

（8）日利大万，家富千金；

（9）长宜子孙，富贵昌兮；

（10）君如金石，寿宜官秩。

12. 尚方铭

（1）尚方御镜大毋伤，巧工刻之成文章，左龙右虎辟不祥，朱雀玄武顺阴阳，子孙备具居中央，长保二亲乐富昌，寿蔽金石如侯王宁；

（2）尚方（多种姓氏）作竟真大好，上有仙人不知老，渴饮玉泉饥食枣，

东汉六乳长宜子孙禽兽镜
直径 14.4 厘米，圆钮，变形四叶纹座。

座外有八乳，八乳间有"长宜子孙"及变形云纹，四字极富装饰性，云纹奇特。两栉齿纹内为主
纹环列六乳，六乳饰圆圈，用三直线相连，青龙、禽鸟、双角兽（罕见）、白虎、朱雀、玄武为
小鸟加蛇形的图案。边缘饰锯齿和连续云气纹，此镜做工极为华丽。

西汉星云镜

直径 13.5 厘米，圆形，连峰钮，钮外有弧线形纹及一周弦纹。

两周短斜线圈带之间为四枚圆座乳分为的四区，每区一组星云纹，星云由六枚小乳及弧线组成。

造型美观，工艺流畅。

浮游天下遨四海，寿如金石为国保。

13. 青盖（羊）铭

（1）青盖（羊）作竟佳且好，子孙番昌长相保，男封太君女王妇，寿如金石，大吉；

（2）三羊作竟自有纪，除去不羊宜古市，上有东王公，西王母。

14. 佳镜铭

此有佳镜成独好，上有仙人不知老，渴饮玉泉饥食枣，浮游天下遨四海，寿如金石为国保。

15. 来言铭

（1）来言之镜从镜始，长保二亲和子孙，辟除不祥宜古市，从今以往乐来始；

（2）来言之始自有纪，炼冶铜锡去其滓，长保二亲利孙子；

（3）来言之纪镜舒如，苍龙在左，白虎在右，辟去不羊宜古市，长宜君亲利孙子。

16. 福禄铭

福禄进今日以前，天道得物自然，参驾蚩龙乘浮云，白虎失，上大山，风鸟下，见神人。

17. 福熹铭

福熹进兮日以萌，食玉英兮饮礼泉，白虎 × 兮上泰山，凤凰舞兮见神仙，保长命兮寿万年。

18. 金之青铭

金之青，视吾形，见之 ×，长思君，时来游，宜子孙，乐无忧。

19. 善铜铭

（1）汉（新）有善铜出丹阳，和以银锡清且明，左龙右虎主四彭，朱雀玄武顺阴阳；八子九孙治中央，刻娄博局去不羊，家常大福宜君王；

（2）汉有善铜出丹阳，取之为竟清如明，左龙右虎备四旁，朱雀玄武顺阴阳。

20. 记氏（有多种姓氏）铭

（1）王氏作竟真大好，上有仙人不知老，渴饮玉泉饥食枣，浮游天下遨四海，寿如金石为国保；

（2）王氏作竟四夷服，多贺新家民息，胡虏殄灭天下复，风雨

东汉禽兽规矩镜

直径 11.8 厘米，圆钮。

圆钮座外四花蕊纹，外方格纹，四方八区内有：青龙、羽人、白虎、山羊、朱雀、回头鹤、玄武、蟾蜍。素宽缘，四神规矩镜中无乳的较少见，鹤在此类镜中亦少见。

时节五谷熟，长保二亲子孙力，官位尊显蒙禄食，传告后世乐毋极，大利兮；

（3）张氏（泰山）作竟大毋伤，长保二亲乐未央，八子九孙居高堂兮；

（4）侯氏作竟自有纪，× 大得，宜古市，出入居官在人右，长保二亲利孙子；

（5）吕氏作竟自有纪，长保二亲利孙子，辟除不祥宜古市，为吏高升居人右，寿如金石；

（6）许氏作竟自有纪，青龙白虎居左右，圣人周公，鲁孔子，作吏高迁车生耳；郡举孝廉，州博士，少不努力老乃悔；

（7）蔡氏佳且好，明而月，世少有，刻冶今守（禽兽）悉皆在，令人富贵宜孙子寿而金石不知老兮，乐无极；

（8）袁氏作竟真大巧，东王公，西王母，青龙在左，白虎居右，仙人子乔，赤松子，千秋万岁不知老，渴饮玉泉饥食枣；

（9）蔡氏作竟自有意，良时日，家大富，七子九孙各有喜，官至三公中尚侍，上有东王父，西王母，与天相保兮；

西汉重圈铭文镜

直径 15.8 厘米。圆钮，柿蒂十二连珠钮座。

座外两周凸弦纹圈及栉齿纹将镜背分为内外两区，两区内都配置铭文。内区铭文为："见日之光，长毋相忘"，每字间有圆涡纹相隔。外区铭文为："清冶铜华以为镜，昭察衣服观容貌，丝组杂以为清光宜佳人。"外区篆书字体大，有四枚圆涡纹相隔，素平宽缘。

（10）荣氏作竟佳且好，明而日月世少有，宜子孙兮。

21. 上华山铭

上华山，见神人，宜官秩，保子孙，饮玉泉，驾蚩龙，乘浮云。

22. 兴辟雍建明堂铭

（1）新兴辟雍建明堂，然于举土列侯王，子孙复具治中央；

（2）新兴辟雍建明堂，然于举土列侯王，将军令尹民户行，诸王万舍在北方，乐未央。

23. 上大山铭

驾蚩龙，乘浮云，上大山，见神人，食玉英，饵黄金，宜官秩，葆子孙，长乐未央，大富昌。

24. 纪年铭

（1）永康元年正月午日，幽炼白黄，旦作明镜，买者大富，延寿命长，上如王父，西王母兮，君宜高位，位至公侯，长生大吉，太师命长；

（2）始建国天凤二年作好竟，常乐贵富庄君上，长保二亲及妻子，为吏

西汉早期折角纹镜

直径 13.9 厘米，圆钮，四叶纹钮座。

外为一凹面圈带，主纹为排列密集而整齐的折角方形纹，宽素卷边缘。此镜做工精细，纹饰清晰，品相完美。

高迁位公卿，世世封传于毋穷；

（3）元兴元年五月丙五日 ×× 广汉西蜀，造作尚方明镜，幽炼三商，长乐未，宜侯王，富且昌，位至三公，位师命长；

（4）永康元年六月八日庚申，天下大祝，吾造作尚方明镜，合炼白黄，周兮；

（5）建宁元年九月九日丙午，造作尚方明镜，幽炼三商，上有东王父，西王母，生如山石，长宜子孙，八千万里，富且昌，乐未央，宜侯王，师命长，买者太吉羊，宜古市，君宜高位，位至三公，长乐未央；

（6）熹平三年正月丙午，吾造作尚方明镜，广汉西蜀，合炼白黄，周刻无极，世得光明，买人大富，长子孙，延年益寿，乐未央兮；

（7）元兴元年正月丙午日天大赦，广汉造作尚方明镜，幽炼三商，周刻无极，世得光明，长乐未央，富且昌，宜侯王，师命长生如石，位至三公，寿如东王父西王母，仙人子位至公侯；

（8）永康元年（中平四年），五月午日，幽炼白黄，早作明镜，买者大富，延寿命长，上如王父，西王母兮，君宜高位，位至公侯，长生大吉，太师命长；

隋代灵山孕宝鸟兽镜

直径 21 厘米，圆形，圆钮，珍珠纹圆钮座。

内区有六团花，内饰三凤鸟和三天狗，凤鸟漫步小憩，天狗昂首狂吠，形象生动，姿态各异。团花以外的镜地，以不同的花纹填补，使整体图案丰富多彩。外区有铭文一周三十二字："灵山孕宝，神使观炉，飞圆晓月，光清月珠，玉台希世，红妆应图，千娇集影，百福来扶。"镜缘饰忍冬纹。

（9）熹平二年正月丙午，吾造作尚方明镜兮，幽炼三商，周刻无极，世得光明，买人大富贵，长宜子孙延年兮；

（10）太康三年十二月八日 × 贺 × 为扬州平士，三公九卿十二大夫，宜吏人，訾财千万，子孙富；

（11）永安四年大岁己巳五月十五日庚午，造作明镜，幽炼三商，服者高官，位至三公，女宜夫人，子孙满堂，亦宜庶道，六畜番昌，乐未。

25. 吾作明竟铭

（1）吾作明竟，幽炼三商，周刻无极，配像万疆；

（2）吾作明竟，幽炼宫商，周罗万象，五帝天皇，白牙弹琴，黄帝除凶，朱雀玄武，白虎青龙，君宜高官，子孙番昌，建安十年造大吉；

（3）吾作明竟，幽炼三商，周刻无极，雕刻万方，四祭像元，六合设长举贪方庚，通距虚空，统德序道，祇灵是兴，百牙陈乐，众神见容，天禽衔持，维刚大吉，服者公卿，其师命长；

（4）吾作明竟，世少有，明如日月，君宜子孙，其师命长，长乐未央兮。

汉代铜镜铭文虽然是社会思潮的集中反映，有"以物载道"的作用在其中，但更重要的是作为一种装饰出现，因此，我们在盛行铸造铭文的汉镜上可以看到这样一个奇怪的现象：铭文往往错字漏句，或随意删减，以至于不能通读成句。以上所列是完整释读出的句子，只要熟悉了这些铭文内容，即使遇到不完整的句子，也可以比较容易地加以释读。

第六章

铜镜收藏的科学保护

———— 刘亚谏讲铜镜 ————

·铜镜收藏的科学保护·

　　收藏包含两个概念——"收"与"藏"。"收"是买东西，"藏"是保养。为了保存好古镜，首先要弄清其被损坏的原因。造成铜镜损坏的原因，一是人为损坏，如藏者保管不善发生了丢失或损伤、被盗等；二是自然破坏，包括气候变化、阳光辐射、风雨侵蚀、空气污染等。

　　温度、湿度不当，是金属器物损坏的致命原因。金属器物温度适宜在15℃～25℃，相对湿度宜在40℃～50℃，室内要保持干燥。冬季天冷，有的藏友因条件有限，室内取暖，又不经常开窗户，不但不通风，有的还使用了温湿器，这给器物营造了不良环境，因此必须注意空气流通，保持干燥的气候。夏天，闷热容易出汗，鉴赏或查看器物一定要戴上手套，避免汗渍留存文物上。最好是不管什么时候查看器物，都要戴上手套。阴天下雨时潮湿还要注意防潮，关闭门窗，以减少室外不良空气的干扰。气候适宜时，要开窗通风，可降温散湿。

灰尘危害也是不可忽视的。灰尘中含酸、碱、胶性物质，落在器物上不仅很脏，也有腐蚀作用。清除最好用干洗，用软毛刷或细棉布刷擦，使用脱脂棉蘸酒精擦拭。有的器物花纹缝隙间及锈蚀凹处污物不易擦拭，还可利用吸尘器等。

有的铜镜上有锈斑，铜镜上的锈分为两种：有的锈在器物上可增添美观效果，对文物没有造成危害，就不必清除；有的锈虽对铜镜没有造成危害，但它覆盖住了铜镜表面的纹饰或铭文，直接影响了器物的鉴赏和研究，为此有必要将锈蚀部分予以清除。清除最好请有关专业人士进行，轻微少量的可自行处理，但不要使用自来水，需用蒸馏水清洗。浸泡后用竹质、硬木、硬塑料等工具一点点地剥落，不可使用刀、铲等金属工具，以免损坏文物。不易掉的锈蚀，可用弱酸浸泡，如柠檬酸溶液等，用脱脂棉或毛巾等蘸湿闷盖锈蚀后加以剥落，之后一定要用蒸馏水浸泡洗干净。

另外有一种有害锈，如果器物上发现其生成，要尽快清除，不然它会殃

东汉八乳禽兽规矩镜

直径 12.8 厘米，圆钮，变形四叶纹钮座。

四叶间有小叶纹，座外方格，八乳及规矩纹，四方八区内有龙配羽人，白虎配独角兽，朱雀配鸟，玄武配羽人，云气纹缘。

及整件器物。对于粉状锈的处理，可用机械法先挖去粉状锈，待见到铜体后，用漆皮酒精填补封闭；或涂上 1% 硫酸银溶液，10 分钟后擦干；也可用 20% 氢氧化钡溶液，涂 20 分钟后擦干，然后用蒸馏水洗净，干燥后再用璐珞溶液封护，也可用苯并三氮唑保护剂等。有害锈的处理最好让专业人员根据实际情况酌情处理，不可自己敷衍了事，因为这种锈若根治不好，会毁掉整件器物。

随着工业、交通的发展，大气污染严重，有害气体使得金属器物的锈斑越来越多，给藏品带来了不良的因素。可把藏品包装起来，古玩包装是收藏中的大事，是不可忽视的环节，它直接关系着古玩的安全。材料的选择要谨慎，应使用弹性的，经过实践证明在任何情况下都不会损坏器物的材料。

古玩包装：应先用软纸或细棉布、棉花包裹好，以防磕碰，再用泡沫塑料挖槽嵌装，放入隔成小木格的匣内。囊匣的配制：对于铜质好的铜镜，可请专业人员按器物的大小、薄厚来配制囊匣。囊匣的设计和制作要适合器物，并根据器物的特殊性及适宜范围，以便更有利于文物的永久保护而延长其寿命。对于质地较差的器物不宜制作内囊，主要是有些囊匣的制作材料为有机纤维制品，具有细胞样的结构和吸湿能力，对湿度的变化特别敏感，会造成囊内的湿度过高，容易让文物吸收，产生不良的效果。

　　器物存入的库房要干燥、干净、无粉尘，不可在一个柜子与其他物品混放。一件器物一个包装，要分类存放。铜镜最好不要摞着放，要隔开距离。不要将器物直接放置在地面上，要做好防潮层；即使有较好的包装，也要保持一定的距离。藏品包装的封闭性能要好。

　　有时铜镜上饰有精美的纹饰和铭文，为了鉴赏研究需要把它拓下来，在操作时要注意器物的承受能力，不要用力过猛。镜面有弧度的要将其垫平牢固后再进行，完工后要认真清洗镜面，用软棉布、脱脂棉等擦拭干净，如有残处锈蚀等，可用吹风机将其吹干。

　　对于经过修复后的铜镜，更要注意它的安全。因为铜镜比较特殊，修复方法也与其他铜器不太相同。碎镜片茬口的焊接用的是间隔距离的点焊方法，其余部位利用粘接的技术进行，相对而言，其牢固程度有限，在拿放时要格外小心，以免缝隙开裂。

　　新收进的古镜，大都经过了多人之手，有的可能是出土之物，上面或多或少带有各种污染、真菌等。因此，在器物进库之前，要进行清洁处理。清

唐代鎏金四鸾宝相花镜

直径 21.5 厘米，葵花形，圆钮。

钮外蔓枝缠绕，宝相花盛开其间，四只鸾鸟分别立于莲花上，单脚独立，展翅翘尾，边缘花饰。鸾鸟和花纹均鎏金。

明代宣德吴邦佐造双龙镜

直径 21 厘米，圆钮。

双龙环钮对峙，口对钮珠，昂首。隙间饰四朵祥云。钮上方有铭文"大明宣德年制"六字，钮下长方栏内有铭文"工部监造吴邦佐"七字。镜体厚重，制作规整。

洁包括除尘、去污和杀菌，除尘可按上述讲的方法；去污，用蒸馏水洗涤，有的沾有油污等较难洗净，可加少量肥皂或洗涤剂，清洗干净，擦拭吹干；杀菌消毒，可采用直接火焰烧灼的灭菌方法，也可利用热气消毒，把镜子放入烘箱内，经高温 1 小时可灭菌消毒。还可采用紫外线或微波等杀菌，经化学保护后可入库存。

藏品要做到定期检查保养，对于有伤残的铜镜，要定期观察其是否发生了变化，作详细记录，以备后用。古镜收藏者应对自己的藏品精心保养、分析研究，采取科学的方法保存好铜镜。

第七章

铜镜的市场价值实现

—— 刘亚谏讲铜镜 ——

·铜镜的市场价值实现·

从铜镜自身的价值和最近拍卖行情来看，铜镜已逐渐成为新的收藏与投资热点，主要原因在于：

第一，铜镜在考古学研究中，具有重要价值。它是我国古代墓葬中常见的随葬品。由于各个时期的铜镜有着各自特征，它又成为古代墓葬中断代的标准器之一。铜镜上的纪年铭和不同时代风格特征，是判断出土器物的重要借鉴和依据。通过对铜镜形制、花纹和铭文的研究，可以了解各个时代的铸造技术、工艺美术、工官制度、商业关系、思想意识以及与国外的文化交往等。由于镜背面积小，纹饰所选用的题材更具有代表性和典型性，为我们认识和研究古代社会提供了可靠的实物资料。

第二，铜镜既是照面饰容的日常用具，又是精美的工艺品。它铸造精良、

唐代鎏金仙人鸟兽镜

直径 21 厘米，葵花形，伏兽钮。

主题纹饰为鸾鸟展翅起舞，瑞兽跳跃嬉戏，仙人飞向天空。地纹为长枝蔓延的宝相花，边缘饰蔓延的花果纹。此镜做工精细，为唐镜珍品。

形态美观、图纹华丽、铭文丰富，是我国古代文化艺术遗产的珍品。铜镜在历史上一直是宫廷、贵族享用的高档消费品，在早期使用上还有一定的级别限制，因此，铜镜的制造量少，保存流传于世的就更少。

第三，铜镜收藏有望形成新的热点。目前，艺术品收藏与投资仍处在一个相对活跃的阶段，虽然绘画作品、明清瓷器仍是投资热点，但像铜镜这类个性化的藏品也正在呈现出受市场追捧的积极态势，有望形成新的收藏与投资热点。

第四，铜镜投资上升空间较大。从艺术品收藏与投资来看，一类藏品初次参拍时形成的成交价格都存在着行情上升的较大空间，今天的"冷门"很有可能是将来的"热门"，虽然有不少铜镜在数万元落槌，但并不意味着升值空间不大。客观上分析，铜镜的成交价格经过藏界的认知或承认过程后，现在的成交价就成了价格底线，形成行情稳步上扬的坚实基础。

统观近十年的拍卖市场，古铜镜的上拍数量、成交价格以及成交数量一直逐渐上扬，品种珍稀，品相良好者，出现了几十万上百万者。但与其他艺

宋代连钱纹镜

直径 13.2 厘米，圆形，小圆钮。

内区满饰较大的连钱纹，每个钱纹内有一乳纹。钱纹圆周内，切方格线，各钱横竖线十字交叉处有一小圆点，如此，四叶展瓣形成的花朵俨然可见。外区素面窄小，素缘。此镜轻薄，纹饰吉祥，连钱纹在五代和两宋较为流行。

术品相比，远远逊色于古代书画、瓷器等拍品的成交价格。

当前，常规收藏品种的价格日益增高，不能为一般藏家所接受。于是，古铜镜正在受到人们越来越多的关注，成为投资新宠。可以说，铜镜市场已经启动，收藏铜镜正逢其时。

面对历朝各代制作留存下来的各色铜镜，收藏投资者应当如何判断其价值，进而以合理的价格购进，把握好投资机会呢？我们认为：

其一，汉唐铜镜应为首选。

和其他任何可供收藏的文物艺术品一样，作为先民创造的铜镜，在制作上也经历了一个由勃兴到高潮，再到衰落的过程，因此选择铜镜高峰期的制品，是收藏者选择的首要原则。

从中国古代铜镜发展史来看，自四千年前我国出现铜镜之后，各个时期的铜镜反映了它的早期(齐家文化与商周铜镜)、流行(春秋战国铜镜)、鼎盛(汉代铜镜)、中衰(三国、魏晋、南北朝铜镜)、繁荣(隋唐铜镜)、衰落(五代、十国、宋、金、元铜镜)等几个阶段。因此从其流行程度、铸造技术、艺术风格等方面分析，两汉、唐代是中国古代铜镜制作的两个高峰期，其间的精品力作，最具收藏投资价值。

汉代是我国铜镜发展的重要时期。这时期出土的数量最多，使用最为普遍。汉镜不仅在数量上比战国时期多，而且在制作形式和艺术表现手法上也有了很大发展。汉代除了继续沿用战国镜外，最流行的铜镜有：四神镜、青龙白虎镜、朱雀玄武镜、蟠螭纹镜、蟠虺纹镜、章草纹镜、星云镜、云雷连弧纹镜、鸟兽纹规矩镜、重列式神兽镜、连弧纹铭文镜、重圈铭文镜、四乳禽兽纹镜、多乳禽兽纹镜、变形四叶镜、画像镜、日光连弧镜、七乳四神禽兽纹镜等。

唐代是我国铜镜发展史上的又一个新历史时期。隋唐铜镜，较前代有了新的发展。在铜质的合金中加大了锡的成分，在质地上显得银亮，既美观又实用。在铜镜的造型上，除了继续沿用前代的圆形、方形之外，创造了菱花式及较厚的鸟兽葡萄纹镜。并且把反映人民生活和人们对理想的追求、吉祥、快乐的画面应用到镜上，如月宫、仙人、山水等。同时出现了题材新颖、纹饰华美、精工细致的金银平脱镜、螺钿镜。

目前在拍场上，品相好，且纹饰为海兽葡萄、双鸾衔寿、宝相花等的唐镜，普遍达到了二三十万元的量级，个别优质者达到五六十万元以上。

唐代鎏金云龙纹葵花镜

直径 30 厘米，八瓣葵花形，圆钮。

一条盘龙曲颈回首，张口吐舌，周身饰鳞片，龙体鎏金，围绕龙身上下衬五朵流云，构图生动，制作精美。

其二，品相好的"头模"镜。

品相是判断藏品价值的重要方面，铜镜也不例外。从市场上看，同时期、同纹饰的两块铜镜，品相好的可达百十万元，差的可能仅值几千元。目前藏界在判断铜镜品相的优劣上，有一个"模数"的标准，就是说好的可定为头模，其后以二、三、四模类推。

这里所谓的"模"指的是模具，前面的数字指的是第几次用该模具所铸造。以海兽葡萄纹镜为例，头模者兽身上的羽毛和葡萄的颗粒特别清楚，如果是一面三模镜，纹饰就会模糊。在价格上的差距，如果一面头模镜价值10万元的话，而同时代、同纹饰的三模镜的价值可能只有1万元左右。

作为金属器的铜镜，在经历漫长的年代后，不可避免会生出一些锈迹，这些铜锈也会影响到铜镜的价格。一般而言，如果铜镜上的绿锈是薄薄的一层，且能够清理的话，对价值的影响并不大。但对于那些铜锈已经侵入铜内，且难以清理的铜镜而言，其价值必然大打折扣，甚至可以说这样的铜镜已近报废。

铜镜在使用和保管中，往往会因为磕碰，产生一些划痕或是裂痕，对此收藏者应当仔细观察，尽量寻找伤害小的收藏品。要知道，如果一面完整无

元代仙鹤人物镜

直径 9.7 厘米，元宝钮。

镜背画面分为上、中、下三组：上组为阙楼和一对相向飞翔的仙鹤；中组饰四童陪戏；下组饰一对公鸡，其间饰莲花。高沿镜缘。

伤的铜镜价值 60 万元的话，而有裂痕的价格就可能仅为 10 余万元。

其三，小尺寸手镜值得关注。

铜镜的尺寸对其价值的大小起着一定作用。按照普通观念，尺寸大的价自然高过尺寸小的。但值得收藏者注意的是，在铜镜序列中，有一种直径仅 5 厘米左右的手镜，近期的价格一直在飙升，已不逊色于大尺寸的铜镜，品相好者价格甚至高至 20 万元左右。目前有一部分爱好者以收藏该品种为目标，并已取得不错的成绩。

其四，纹饰也是影响价格的重要因素。

纹饰越稀有，越复杂，其价值越大。对于两面基本图案相同的铜镜而言，如果其中一面在基本图案的基础上，多描绘一些纹饰、点缀，其价值自然高于前者。

总之，铜镜的所属年代、品相、尺寸、纹饰、锈迹等方面，都会影响到其市场价格。对于收藏投资者而言，应当在掌握相关知识的前提下，综合考虑各方面因素，从而准确地予以判断把握。

参考文献

［1］张金明，陆旭春．中国古铜镜鉴赏图录［M］．上海：上海古籍出版社，
2002.

［2］曾甘露．铜镜史典［M］．重庆：重庆出版社，2008.

［3］刘亚谏．铜镜收藏杂议［J］．收藏界，2004（1）．

［4］刘宁．铜镜知识三十讲［M］．北京：荣宝斋出版社，2004.